낚시어보

낚시어보

2022년 1월 20일 제 1판 인쇄 발행

지 은 이 | 김관식
펴 낸 이 | 박종래
펴 낸 곳 | 도서출판 명성서림

등록번호 | 301-2014-013
주   소 | 04552 서울시 중구 삼일대로8길 17 3~4층(충무로 2가)
대표전화 | 02)2277-2800
팩   스 | 02)2277-8945
이 메 일 | ms8944@chol.com

값 10,000원
ISBN 979-11-92075-32-7

※ 잘못 만들어진 책은 바꿔드립니다.
   이 책 내용의 일부 또는 전부를 재사용하려면
   반드시 저작권자의 동의를 얻어야 합니다

김관식 제18시집

낚시어보

도서출판 명성서림

■ 시인의 말 ■

낚시 체험의 시적 형상화

　사십 여 년 간의 교직 생활을 마무리하고 고향에 내려와서 머무르는 날이 점점 많아졌다. 집필하다가 틈틈이 영산강에 낚싯대를 드리우는 재미가 솔솔 했다. 어린 시절 대나무를 베어다 줄을 매 낚시를 하던 때가 생각났다. 그때는 장어가 흔해서 홍수가 나면 지렁이를 실에 꿰어 낚는 멍터구리 낚시로 장어를 잡아냈었다. 그런데 영산강 하구언이 생긴 뒤부터 강의 생태계가 변했다.
　따라서 물고기의 어종이 전형적인 민물고기로 바뀌었다. 가끔 하구언의 수문이 열리면, 가끔 예전에 잡히던 숭어가 올라오기도 하지만, 누치, 잉어, 가물치, 메기, 참게와 외래종 물고기 배스, 블루길 등이 주로 잡혔다. 강물의 흐름을 막아 농업용수로 사용하기 위해 승촌보와 죽산보가 건설되어 강물에 녹조현상과 오염이 심각하다고 떠들썩했지만, 이제 부유물이 가라앉아 잠잠해진 것 같다. 그런데 다시 죽산보를 해체 시켜 원래 상태로 되돌리겠다고 떠들썩거린다. 그야 어찌 됐든 간에 인간은 원시시대 때부터 사람은 물과 가까이 살아왔다. 그때 살기 위해 물고기를 잡았던 원초적인 본능이 오늘날까지 남아있는 것이 낚시 문화가 아닌가 싶다.

물고기가 낚시에 걸려 파닥거릴 때의 짜릿한 촉감을 맛보기 위해 전국 태공들이 죽산보를 찾아온다. 주로 배스 낚시를 하러 온 사람들이 많은데, 이들은 보트를 타고 와 루어낚시로 배스 낚는 손맛을 보려고 온 사람들이었다. 이 밖에도 장어를 낚기 위해 밤을 세우는 낚시꾼, 붕어, 잉어를 잡는 낚시꾼들도 찾아왔다.

최근 들어 처음으로 어렸을 때 낚아보지 못한 거대 잉어를 여러 마리 낚아보았다. 그리고 저수지에 우산 통발로 블루길과 붕어 등을 잡는 재미는 또 다른 글감이 되었다.

여기 모은 시는 그동안 물고기를 잡았던 자연인의 낚시 체험을 통해 얻은 시상을 시로 형상화했다. 전문 낚시꾼이 아니어서 낚시꾼들의 정감을 생생하게 재현했을지는 의문이다. 다만 낚시를 취미로 집필 스트레스를 풀었던 경험담이다. 낚시는 원시로 거슬러 가는 인간의 원초적 본능을 일깨우는 취미활동이라는 생각이 들었다.

낚시에 누치가 단골로 낚이지만, 가끔 배고픈 배스나 블루길이 걸리기도 했고, 산란 철에 잉어를 잡아보았지만, 장어는 아직 잡지 못했다. 장어를 잡으면 이제 낚시 취미활동을 접을 것이다. 어릴 때 흔하게 잡았던 장어를 잡는 날, 어린 시절의 과거 체험의 탐색을 마칠 것이다. 그동안 고향 집필실에서의 낚시 체험은 시적 소재를 많이 제공해주었다. 그동안 물속 나라 친구들의 생살권을 잠시 쥐고, 저승사자 노릇으로 좋아했던 일은 나의 인간 위주의 생태관이 너무 깊게 자리 잡은 탓일 것이다. 자연인의 체험을 뉘우치며 환경문제에 대해 새롭게 생각하는 계기가 되었다.

2022. 1. 20
香山齊에서 김관식 올림

차례

제1부 루어 광고

강태공	14
물속 나라	16
민물낚시·1	18
민물낚시·2	20
낚시꾼·1	22
낚시꾼·2	25
낚시꾼·3	27
낚시꾼·4	29
루어 광고	31
영산강 낚시터 크로키	34
새끼 뱀장어	38
거대 잉어 잡는 날	40
잉어 낚시	42
잉어 뱃사공	44
누치 낚시	46
생각 낚기	48
웅어의 산란	49
방생	50
추어탕	51
오징어	53
씨은어 놀림낚시	56

차례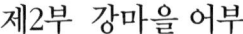

제2부 강마을 어부

신심청전	58
죽산보	68
금강정에서	72
금사정	74
강둑길을 걸으면	75
주꾸미	78
파도	81
죽방렴	83
남해 몽돌	86
강마을 어부	88
재첩잡이	89
블루길	91
강물이 흐르다가 기도할 때	92
플라이 낚시	95
도래	96
팔자 묶기	97
놓친 물고기	98
영산강 낚시	99
무조건	100
입질	102
푸드 피싱 주의보	104
군소	105

차례

제3부 붕어빵 팝니다

붕어빵 팝니다	108
갯바위 낚시	110
마량포구	112
줄	114
갈치 낚시	116
바지선 낚시	118
노을 낚시	119
가마우지 낚시	120
망둥어	122
홍어	123
갯벌 낙지	126
해루질	128
홍수	130
산속 호수	131
강가에 앉아	132
가창오리	134
대어大漁와 대어代漁	135
밤낚시·1	138
밤낚시·2	140
장어낚시	142
어탁魚拓	144
겨울 낚시	146
영산강의 어제와 오늘	148

차례

제4부 백수 낚시꾼

백수 낚시꾼	152
갈치 지그낚시	154
갈치 낚시	155
낚시 신풍속도	156
유료 낚시터	157
어촌 사람들	158
훌치기 낚시	160
빙어 낚시	161
우산 통발	162
짱뚱어 낚시	164
쭈꾸미, 갑오징어 낚시	166
망둥어 낚시	168
민장대 낚시	170
독살장	172
견지대 낚시	173
피라미 낚시·1	174
피라미 낚시·2	175
낚시의 변화	176
강태공의 오징어 게임	177
태공들의 별칭	178
낚시 방송	179
루어 시대	180
섬	181
낚시대회	182

제1부
루어 광고

강태공
물속 나라
민물낚시 · 1
민물낚시 · 2
낚시꾼 · 1
낚시꾼 · 2
낚시꾼 · 3
낚시꾼 · 4
루어 광고
영산강 낚시터 크로키
새끼 뱀장어
거대 잉어 잡는 날
잉어 낚시
잉어 뱃사공
누치 낚시
생각 낚기
웅어의 산란
방생
추어탕
오징어
씨은어 놀림낚시

강태공

저요! 저요!
손 번쩍

내가 최고다
우쭐우쭐

높은 자리 앉으면
말로만 남을 위해
목숨 기꺼이 바친다는 빈말
나불나불

남보다 자신 먼저
남의 목숨 가져다가
제 잇속 갈퀴질

강태공은
손 들지 않았다.
미끼도 없는 빈 낚시
강물에 던져 넣었다.

팔순이 되도록
강가에 앉아
강물 흐르는 것만 바라보았다.

은나라 폭군 주왕
애첩 달기에 푹 빠져있을 때
주문왕이 강태공 만나
주나라 새 강물로 바꿨다.

주문왕은
은나라 주왕을 따르겠다는
백이와 숙제를 버리고
팔팔한 물고기 대신
팔순 강태공을 낚았다.

저요! 저요!
저를 뽑아야
나라가 바로 선다고
허세, 허명, 헛물켜는 사람
뽑아주면 뽑히자마자 뒤돌아서서
폭군 주왕과 달기가 된다.

빈 낚시 강물에 드리운
강태공 같은 사람 뽑아야
서로 믿고 사는 공정사회가 된다.
온 나라 웃음꽃 핀다.

물속 나라

똑같은 눈높이
수평이다.
높은 곳에서 낮은 곳으로
흘려보내 균형을 맞춘다.

흐르지 못하고
한곳에 머물러도
높고 낮음이 없다.

바람 불면
바람 부는 대로
다 같이 움직이며
울렁출렁

물속 나라 친구들
물 위가 흔들리는 줄
전혀 느끼지 못하고
제 맘대로 물속
이리저리 왔다 갔다

누구에게나
골고루 평등하다.
물속 오가는 것
모두 제 맘대로다.

민물낚시 · 1

물속 붕어에게
물음표 던졌다.

살기 위해 먹느냐?
먹기 위해 사느냐?

낚싯바늘 끝에
먹잇감 매달아
붕어에게 물었다.

설문지 앞
응답 찌 까닥까닥
방울 딸랑딸랑

낚싯대 거머쥐고
응답 끝나자마자
설문지 거둬들였다.

파닥파닥
길길이 날뛰면서
뻔히 알면서 왜 묻느냐?

살기 위해 입 벌리다가
설문조사에 낚였다.
낚싯대 휘청휘청
온몸 붕 떴다.

민물낚시·2

민물이 몰려든다.
낚시꾼들 몰려든다.

따뜻한 봄
낮은 수풀로
물고기들 몰려든다.

이때다
낚시꾼들 미끼를 매달아
물고기들 앞에 던져넣었다.

월척들
손맛 좀 보자.

선거철 때마다
미끼를 던지는 후보자들
민물 낚시터에 몰려들곤 했다.

제발 내 공약 미끼
덥석 물어라.

미끼 물면
공약은 잊어버리고
제멋대로 민물에다
소금 치고 요리했다.

낚시꾼·1

강태공들
공휴일만 목 빠지게 기다린다.
다른 일 다 팽개치고
낚싯대 챙겨
물길을 찾아 나선다.

물속 나라 소식이
너무나 궁금해
먹거리 선물
낚싯줄에 매달아
물속에 던져 넣고
찌만 뚫어지게 바라본다.
방울 소리 기다린다.

찌 까닥까닥
방울 딸랑딸랑
응답 신호
반가운 소식에
가슴 두근두근
헐레벌떡 낚싯대를 힘껏 끌어 올린다.

공짜 미끼 탐내다가
물 밖 세상 끌려오는 물고기들
파닥파닥 발버둥거릴 때
낚시꾼은 싱글벙글
낚싯줄 끌어 올리며
짜릿한 쾌감을 맛본다.

이 짧은 순간이
낚시꾼들의 클라이맥스
주문왕을 만난 강태공이 된다.

이 맛에
아내 잔소리 팽개치고
나 홀로 낚싯대 드리우고
밤을 새웠다.

파닥파닥 바둥거리는 물고기
끌어올리는 순간
짜릿한 손맛을 보려고
휴일마다 낚싯대 챙겨

강을 찾았다.
호수를 찾았다.

나는 낚시꾼
집안일 내 던져놓고
물가를 찾아왔다가
물고기 한 마리도 못 잡는 때도 많았다.

빈 물고기 가방 들고
집으로 돌아가는 가는 날
축 늘어진 어깻죽지
발걸음 느릿느릿

대문 앞에서 머뭇머뭇
가슴 조마조마
머리 긁적긁적

낚시꾼 · 2

잉어를 기다린다.
두 시간이 지나도
방울 소리 들리지 않았다.

떡밥 미끼가
입맛에 맞지 않아서일까?

낚시 던진 자리가
마땅치 않아서일까?

칼퇴근
술집 기웃기웃
밤마다 술 마시다가
밤늦게 집으로 돌아오곤 했었다.

아내는
밤마다 밖을 내다보며
초인종이 울리길 기다렸을 것이다.

아내는
미끼를 물지 않는
잉어를 기다리는 낚시꾼

초인종 울리길
찌를 들여다보듯
현관문 힐끔거렸을 거다.

입맛 까다로운 나를 위해
맛있는 요리를 준비했을 것이고
아내의 자리에 대해 생각했을 것이다.

휴일이면 혼자 낚시터에 가서
잉어를 기다리곤 했다.

잉어가 잡히지 않는 날
시장에 가서 잉어 두세 마리
어망에 넣고
당당하게 집으로 돌아오곤 했었다.

낚시꾼 · 3

모든 일 제쳐두고
낚시터를 찾았다.
낚시를 던졌다.

낚싯줄에
목숨 건
외줄 타기

강물이 흘러간다.
흐르는 강물 위에
둥둥 떠 있는 찌만 바라본다.

낚싯대 끝에 매달린
방울이 딸랑거려주길
귀 기울인다.

찌 까닥까닥
방울 딸랑딸랑
바로 이 순간

심장이 뛰고
숨이 가쁘고
붕 뜨는 느낌
낚시꾼들만 안다.

휘어지는 낚싯줄 끌어당길 때
묵직하게 꿈틀꿈틀
손 끝에 전해오는
짜릿한 전율

이 손맛이
낚시꾼을 홀렸다.
자연인 되었다.
강태공 되었다.

낚시꾼 · 4

낚시하듯
돈 버는 일을 한다면
돈 많이 벌었을 거다.

좋아서 하는 일은
힘든 줄 모른다.

짧은 순간
손맛 때문에
온 정성을 쏟았다.
많은 시간을 버렸다.

물고기 한 마리도 못 잡고
휴일을 모두 허비했어도

기여코
월척을 잡아내야겠다고
기대를 저버린 적 없었다.

눈앞에
낚싯대 휘청휘청
파닥파닥 월척 붕어
휴일만 손꼽아 기다렸다.

루어 광고

 여러분 반갑습니다. 이곳에 오신 것을 진심으로 환영합니다. 이곳에 수상관광 레저타운이 들어서면 이곳은 완전하게 물길이 바뀝니다. 돈길이 바뀝니다.
 저희 루어 종합개발은 이미 목 좋은 베스트 포인트를 다량 확보해놓고 여러분의 투자를 기다리고 있습니다. 저렴한 가격으로 루어 포인트 지분을 양도해드리고 있습니다.
 아무리 힘세고 약삭빠른 베스라도 루어를 덥석 물지 않을 수 없습니다. 무조건 포인트에다 루어를 던졌다가 감았다 되풀이 해보십시오. 당신이 던져놓은 루어를 놓지 않으려고 발버둥거리는 베스, 가물치들의 끌어당기는 힘을 느낄 수 있을 겁니다. 루어의 참맛은 가짜를 진짜같이 속여서 덥석 물도록 유인하는 과학입니다. 미끼를 자주 갈아 끼우는 불편이 없도록 만든 특허제품입니다. 루어를 던졌다가 쿨렁쿨렁 잡아당기는 기술만 배우시면 남녀노소 초보자도 여러분에게 짜릿한 스릴과 승리의 기쁨을 듬뿍 안겨드립니다.
 기회는 자주 오지 않습니다.
 여러분에게 투자의 기쁨을 최대한 만족시키는 루어종합개발입니다. 저희 회사에 대해 서민들을 상대로 사기를 치는 기획부동산업체라는 세간의 악성루머를 퍼뜨리는 자가 있습니다. 건실한 회사를 음해하는 자가 있을 시에서 즉시 저희 회사에 알려주시면 소정의 사례금을 드립니다. 절대로 이런 악성루머에 속지 마시기 바랍니다.

저희 회사는 루머가 아니라 루어, 루어종합개발이라는 사실을 꼭 인지하셔야 합니다.

저희 회사는 믿음으로 여러분의 소망을 이루어드리는 투자 포인트를 알선하는 루어 종합개발입니다.

루어 베스트 포인트 지분을 소유하시다가 투자금액 수십 배로 폭등하는 권리금을 확보하시고, 루어로 대어를 잡으시면 곧바로 빠져나오셔야 합니다. 머뭇머뭇 하시다가 제 때에 빠져나오지 못해 원금까지 몽땅 탕진하게 되어 자리에 눕게 되는 일이 발생할 경우, 저희 회사에서 책임지지 않는다는 사실을 명심해야 합니다. 만약 본인의 판단 착오에 의해 원금 손실까지 발생하는 등 극악의 사태가 발생할 시 모두 본인이 책임져야 합니다.

최대의 만족감과 최고의 수익을 보장해드리는 미래지향의 루어 종합개발에 여러분의 재산을 신탁하십시오. 여유자금, 노후자금의 투자로 갑절의 수익을 창출해드립니다. 믿음으로 미래를 가치를 보장하는 저희 루어종합개발에서 루어로 편안한 노후를 즐기십시오. 빵칠공-천사-일팔일팔로 연락주시면 저희 회사 임직원들이 친절하게 상담해드립니다. 여러분들의 모든 가정에 행운을 듬뿍 안겨드리는 미래행복을 책임지는 믿음을 창조하는 기업, 루어종합개발입니다.

영산강 낚시터 크로키

영산강 죽산보 아래에는
잉어, 장어, 붕어, 누치가 산다,
가물치, 누치가 산다.

휴일마다 보트를 끌고 온 낚시꾼들이
낚시를 강물에 던진다.
강가 낚시, 보트 낚시,
루어낚시, 떡밥 낚시, 지렁이 낚시
붕어, 잉어 낚시. 장어 낚시

루어낚시로 배스를 잡는다.
홀치기로 하구언 수문을 열 때
바다에서 올라온 숭어를 잡는다.
미꾸라지, 통지렁이 미끼로 장어를 잡는다.
떡밥 미끼로 누치, 붕어, 잉어를 잡는다.

집에서 기르던 개, 고양이도 데리고 왔다.
낚시꾼이 강물에 낚싯대를 드리우고
영산강에 살고 있는 민물고기들을 낚은 대신
데리고 온 개와 고양이는 버리고 갔다.

낚시를 위해 가지고 온 떡밥 미끼 비닐봉지
먹다 버린 맥주, 커피 캔, 소주병, 과자봉지
쓰레기들을 가득 버리고 갔다.
낚시터는 쓰레기 무덤이
애완견들의 고려장 장소

강마을에
낚시꾼이 버리고 간 떠돌이 개들이
강변을 돌아다닌다.
강마을을 기웃기웃
강마을 집집마다 문안 인사하러 종종 찾아오곤 했다.

떠돌이 개와 고양이는 배가 고팠다.
낚시꾼들이 버리곤 간 쓰레기를 뒤졌다.
낚시꾼들이 잡았다가 내버린 물고기로
목숨을 이어갔다.
그래도 배가 고프면
강마을 집집마다
동냥을 나서곤 했다.

영산강 둑방 밑 넓은 하상공원을 누비며
꿩 사냥을 나서곤 했다. 고라니들을 쫓아다니기도 했다.

강물 위를 풍덩 물고기들이 뛰어오르다 떨어지는 소리
뻐꾸기 울음소리, 철새들 울음소리, 바람 소리
강변의 교향곡
고라니 발자국만 그려졌던 강변에
낚시꾼 발자국, 떠돌이 개 발자국들이 더해져
미완성 그림들이 어수선했다.

강변을 찾아왔던 낚시꾼들은
강물 속 소식을 알고 갔다.
대신 흔적을 남기고 갔다.
강변은 쓰레기 무덤이 되었다.
낚시꾼이 버리고 간 애완견들이 강마을의 부랑자
떠돌이 개가 되어 강변을 떠돌아다니고 있었다.
강변에 버려진 고양이들이 낚시꾼들을 찾아와
"야옹야옹" 울어댔다.
강물은 울음소리까지 데불고 흘러갔다.

새끼 뱀장어

목포 앞바다
영산강 하구둑까지
새끼들을 거느리고 왔다.

강이 막혔다
둑 아래서 빙빙 맴돌고 있는데
비가 내렸다.

수문이 열렸다.
와르르 쏟아지는 강물 소리
어린 시절이 사진첩이
파노라마 영상으로 펼쳐졌다.

폭포처럼 쏟아지는
수문 앞에서 펄쩍펄쩍 뛰어오르려다가
겨우 턱걸이했다.

어린 새끼들은
거센 물흐름
거슬러 오르지 못했다.

새끼들을 둑 아래 남겨두고
혼자만 찾아온 고향

어슬렁거리는 영산호
놀 빛이 물비늘로
일렁이고 있었다.

거대 잉어 잡는 날

오월
영산강에서
처음으로 거대 잉어를 잡았다.

낚시점에 사 온 떡밥에다
깻묵, 미숫가루, 콩가루, 설탕까지 넣어
정성껏 섞었다.

낚싯바늘 개수도
더 많이 보태서 떡밥에
덕지덕지 끼워 넣었다.

초보 낚시
홍보용 맛집
잉어가 시식하려고
입 벌리는 순간
낚싯바늘이 입을 찔렀다

동시에
방울 딸랑
와르르 넘어지는 낚싯대

릴을 감았다.
낚싯대가 휘어지고
묵직한 촉감이
손끝에 전해왔다.

파다닥
길길이 날뛰는 잉어
입에서 낚시를 빼냈다.

찰칵찰칵
잉어와 함께 정복자의 함박웃음
카톡카톡
침략자의 말발굽 소리

강물이 노을빛으로
파르르 떨고 있었다.

잉어 낚시

영산강에 사는 잉어를
만나러 갔다

떡밥 이바지를 낚시에 매달았다.
낚싯대 끝에 방울을 달아놓았다.

한 시간이 지나도 아무런 반응이 없었다.
코로나바이러스
거리두기 하는가 보다.

낚싯대 끝에 고추잠자리
앉았다 날아갔다.
방울 소리 딸랑딸랑

가슴 두근두근 낚싯줄을 힘껏 당겼다.
낚싯대가 활처럼 휘어졌다.

낚싯줄에 묵직하다.
잉어가 걸렸다.
-잉잉잉, 어머니, 잉잉… 어어…, 잉어

마스크 안 쓰고 입 벌리다 이렇게 되었어요.
제발 살려줘요.

입에 물음표 물고
버티는 잉어
릴을 늦추자
파다닥 뒤돌아 줄행랑쳤다.

한순간
탱탱 풍선 둥둥 설레발
구멍이 뚫렸다.
바람 다 빠진 풍선 쭈글쭈글 망신살
달아난 잉어가 하루종일
눈앞에 어른거렸다.

잉어 뱃사공

잉어를 잡겠다고
영산강 금강정 나루터에 갔다.

낚싯대를 던져놓고
한눈팔고 있는 사이

낚싯대 끌고 간
잉어 뱃사공

건너편 석관정 나루터에
잉어 나룻배 둥둥

승용차를 몰고 다리 건너가
건너편 나루터
잉어가 몰고 간
낚싯대를 건져 릴을 감았다.

왜 남의 배 끌고 강 건너갔느냐?
잉어와 실랑이 벌이다가
밧줄이 그만 끊어졌다.

석관정 아래 강바닥 바위틈
꼭꼭 숨은 잉어 뱃사공

잉어 뱃사공 내일 보자
금강정 나루터에 튼튼한 낚싯배
띄워놓고 기다리겠다.

누치 낚시

영산강
금강정 나루터에서
낚싯대를 드리웠다.

나룻배 없는
빈 강가
여의주를 강물에 빠뜨린
전설 속 정 노인이 되었다.

근심 없는 정 노인
눈치 빠른 누치
잉어 대신 낚싯줄을 끌어당겼다.

딸랑딸랑
방울 소리
신바람 났다.

재빨리 릴 감았다
코로나 시대
마스크도 쓰지 않다가

잉어 사촌 누이 누치
떡밥을 여의주로 알고 삼켰는가 보다.

말 못 하고
끙끙 앓은
영산강 전설 속 정 노인 근심을
눈치 빠른 누치가
덜어 주었다.

생각 낚기

영산강 금강정 앞
옛 나루터에 앉아
낚싯줄을 강심에 던졌다.

연둣빛 강물 속
들어앉은 산 그림자
유채꽃 한들한들

낚싯줄 물음표 깊은 생각
두루마리 펼쳐놓고

흘러가다가 멈추어
낚시에 걸린
생각 한 다발

방울 소리 딸랑딸랑
생생한 시 한 편
조마조마 기다린다.

웅어의 산란

뱃속에 알을 품자
웅어들이 헛구역질 심해졌다.

갑자기
비릿한 갯냄새가 역겨워졌다.
심해진 입덧 멈추려고
겨우겨우 강어귀까지 다다랐다.

"이제 좀 살 것 같아요."
은빛 몸짓 파닥파닥
아가미 실룩실룩
지느러미 사운대며
갈대밭 몸을 풀었다.

여기가
내일을 바라볼 수 있는
물 좋은 강남
우우우
"여기서 알을 낳을 거에요."

방생

초파일
붕어사 마당 연등회
연꽃등이 주렁주렁 매달려 있다.

공양간 앞
큰 수조에
붕어들이 파닥파닥

불공드리려 온 사람들이
작은 봉지 붕어
한 마리씩 들고
저수지에 풀어놓았다.

여기저기
붕어들이
꼬리지느러미
살래살래
깊은 물 속으로 사라졌다.

추어탕

논고랑 꾸물럭꾸물럭
미꾸라지들
흙탕물 일으키며
"농자천하지대본"
온몸으로 초서를 쓴다.

가을걷이 끝난
미꾸라지들
논바닥 흙 속을 파고 들어가
겨울잠을 준비했다.

늦가을 보리 파종
농부의 논갈이 쟁기질
보섶 날에 흙더미 뒤집히면
미꾸라지 날벼락
비실비실 눈 비비며
구시렁구시렁 꿈틀꿈틀

쟁기질 이랑이랑
뒤따라가는 농부 아내

미꾸라지 하나둘씩
바구니에 주워 담았다.

물에 넣고 소금 뿌리면
펄쩍펄쩍
길길이 날뛰며
게거품을 내뿜어댔다.
호박잎 따다가 쓱쓱 문질러
미끈미끈 점액질 닦아내면
온몸을 쭉 늘어뜨렸다.

솥에 물 붓고
된장 풀고 고춧가루 팍팍, 풋풋한 채소 양념 듬뿍
팔팔 끓여서
가을 맛, 고소하게 우려냈다.

수염이 석 자라고 먹어야 양반인 것이여!
쌀쌀한 날씨 오들오들 농부들을 위하여
밥상이 위에 올라온 김 모락모락
잘 익은 가을 맛
추어탕 한 그릇

오징어

먹물 뿜어대는 오! 징한 놈들, 어서 나와라
비열한 놈들, 이제 너희들을 모두 잡아서
어부들의 소원을 확 풀어주려고 한다.
울릉도, 독도 주변을 맴 돌면서 먹물을 팍팍 쏘아대며
오랫동안 어부들 생계에 톡톡히 도움 주더니만
이제는 어디로 달아나서
어부들을 애타게 하느냐?

지구가 뜨거워져
뿔뿔이 흩어져 피난길에 올랐더냐?
고향을 등진 너희들이 딱하기는 하다만은
너희들 덕분에 살아가는
울릉도 사람들이 고향 떠난 너희들을 애타게 기다리는 줄
아느냐? 모르느냐?

대대로 시커먼 먹물피를 이어받아
강자가 나타나면 울렁울렁 속이 뒤집혀 먹물을 쏟아내고
제가 쏟아놓은 먹물 속에 제 몸을 숨기고 달아나는
야비한 오! 징 한 놈들아
울릉도 어부들은 먹물 튀겨도 좋으니

고향만큼 살기 좋은 데가 또 어디 있겠느냐며
탕자 같은 너희들이 돌아오기를 손꼽아 기다린단다.

바위 등에 딱딱한 껍데기로 달라붙어
숨어 사는 굴, 홍합을 까 처먹고
바다 밑 갯벌에 숨어 사는 조개, 게
닥치는 대로 잡아먹는 불한당 짓도 모두 다 용서하겠단다.

흐물흐물 다리인지 팔인지 모를 다리를 머리통에 달고
물컹한 대가리 속에 먹물만 가득한 낙지, 문어 너희 족속들
온통 먹물로 가득 찬 뼈에로 모자 몸통
물총을 픽픽 쏘아대며 게집개질 하고 다니는 잡놈이 아니더냐?
열 개의 다리로 가운데
음흉한 주둥이를 함부로 놀리고 다니며
독도를 제집인 양 거들먹거리는 놈들아
오두방정 떨고 다니더니만 어디로 달아났느냐?

뼈다귀 하나 몸통 속에 암행어사 마패처럼 감추고
갑질만 일삼는 네 족속 갑오징어,
꼬락서니 꼴 보기 싫은 꼴뚜기,

한없이 치사한 짓만 하고 다니는 한치,
꾸질 꾸질한 짓만 하고 다니는 쭈꾸미
모두 너희 족보를 이어받은 사촌들이 아니더냐?

코로나바이러스로 이웃끼리
막걸리 한 잔 나누어 마시지도 못하는
이 답답한 세상에
너희들이라도 다시 돌아오면
거나하게 코가 삐뚤어지게 너희들을 안주 삼아
씨 껍데기 술 한 사발씩 마시고 싶다.
너희들 한 다리 쫙 찢어서
자근자근 씹는 꼬방진 맛
눈앞에 아른거린다.

다시 돌아와라. 먹물 뿜어내는 오! 징한 놈들
속이 울렁울렁 메스껍지만
너희들이 돌아와야
어부들도 먹고 살 것 아니냐?

씨은어 놀림낚시

시냇물에
씨은어를 매달아 던졌다.

―우리 동네 왜 왔니?
―돌 틈에 낀 이끼 훔쳐 먹으러 왔구나
씨은어 꽁무니 쫓아 오다
그만 바늘에 걸려 나왔다.

씨은어 놀림으로
속아서 따라온 은어를 잡아냈다.

나눌 줄 모르는
텃세 갑질
놀림감이 되었다.

가짜 미끼 루어 쫓아 오다
낚시에 걸려 파닥파닥

남에게 베풀지 못하고
앙갚음만 하다 코 꿰었다.

제2부 강마을 어부

신심청전
죽산보
금강정에서
금사정
강둑길을 걸으면
주꾸미
파도
죽방렴
남해 몽돌
강마을 어부
재첩잡이
블루길
강물이 흐르다가 기도할 때
플라이 낚시
도래
팔자 묶기
놓친 물고기
영산강 낚시
무조건
입질
푸드 피싱 주의보
군소

신심청전

　황해도 황주군 도화촌에 사는 노총각 심학규 서른 나이 갑자기 실명 맹인 되었다.
　장애인등록증 발부받고 집집마다 구걸하며 어렵게 살아가던 중 조선 맹인단체 주선으로 노총각 심학규 착한 곽씨 처녀와 결혼을 주선하여 성사시켰다.
　심 봉사는 눈에 뵈는 게 없는 맹인단체 황주지부장을 맡아 종교단체, 부잣집들 찾아다니며 맹인돕기 성금 받아 겨우겨우 신혼살림 꾸려가던 중 곽씨 부인이 딸을 낳자마자 출산 후유증으로 이레 만에 저세상으로 갔다.
　신혼의 단꿈도 잠시, 작은 희망을 품고 살아가던 심 봉사 눈앞이 캄캄, 맹인이어서 본래부터 캄캄했지만 더 캄캄, 심청이 들쳐업고 맹인 지팡이 의존하여 이집 저집 젖동냥 심청이를 키웠다.
　심청이 자라서 아버지를 도와 맹인단체 업무 도맡아 하고, 동냥, 날품팔이하면서 그럭저럭 생계를 유지하면 살아가던 중 열다섯 살 때 이웃 마을 장 승상 부인의 도움으로 심청이는 안정적인 일자리를 얻고 그 집의 빨래, 허드렛일하면서 생계를 꾸려나갔다.
　소갈머리 없는 심 봉사, 어느 날 개울가 외나무다리 건너다가 그만 발을 헛 딛어 물에 빠져 허우적거리는 것을 몽은사 화주승이 건져주었다.

　세상에 공짜가 어디 있나? 오는 게 있으면 가는 게 있어야지. 몽은사 화주승이 심 봉사에게 공양미 300석을 바치면, 눈을 뜨게 해주겠다고 꼬드겨 헌금을 요구했다.

　심 봉사 눈을 뜰 수 있다는 말에 정신이 번쩍, 주지 스님의 꼬드김에 쥐뿔도 없는 놈이 300석 헌금 약정하고, 헌금 마련을 위해 아무리 머리 굴려도 뾰족한 방법이 없었다.

　천원 자리 지폐 한 장이라고 있으면 복권방 찾아가 로또 복권 한 장 사서 대박을 꿈꿀 수도 있으련만, 몇백 만 원 목돈이라도 있으면 주식 투자로 대박을 터뜨릴 수 있으련만, 가진 게 없으니 꼼짝할 수도 없고, 신체포기 각서 받고 신용대출이라도 받으려 해도 맹인에게 신용대출 해줄 대부업자가 어디 있겠는가? 눈이 안 보이는 맹인이 할 것이라고는 아무것도 없었다. 안마라도 배웠으면 밤중에 피리 불며 안마 고객 맞아 돈벌이하거나 안마 시술소에 취업하여 안정적인 수입이라도 올릴 수 있으련만, 안마 기술도 없는 주책바가지 심 봉사 주제에 어디 돈을 마련할 곳이라곤 맹인단체 사칭 부자들에게 도와달라 통사정할 수밖에 없지만, 그것도 여러 차례 손 벌려서 맹인들을 거들어보지도 않아 손 벌릴 염두도 못내는 처지인지라 맹인이 된 자신을 한탄하며 흐느꼈다.

맹인단체 이름 팔아 졸부들에게 손을 내밀면 졸부들은 이리저리 핑계 대며 겨우 내미는 것이라고는 병아리 눈물만도 못한 푼돈 몇 푼 쥐어 주며 맹인들 도와주는 사회 명사로 신문방송 광고하는 꼬락서니 아니 꼬아 못 보아주겠지만, 그래도 손 내밀 수밖에 없는 맹인들의 설움을 그 누가 알겠는가? 300석의 거금을 누가 심 봉사한테 성금으로 바칠 사람이 어디 있겠는가 말인가? 눈 뜨고 코베가는 세상에 맹인한테 뜯어갈게 뭐 있다고 몽은사 주지는 300석 헌금을 조건부로 내세워 눈을 뜨게 한다고 꼬드기는 악랄한 화주승이 괘씸하지만 스님들도 먹고살아야 염불을 할 것이 아니겠는가? 종교 빙자한 사기꾼들이 많은 세상, 심 봉사처럼 속는 사람이 있으니 만나는 사람에게 무작위로 뻐꾸기 날려 보낸 것인데 순진한 심 봉사 속아 넘어간 것이었다. 심 봉사는 화주승 300석의 헌금 약정에 골머리를 앓기 시작했다.

  심청이 심 봉사가 식음 전폐 앓아눕자 심청이 자초지종 캐물어 사건 전말을 알게 되자 300석 몽은사 헌금 마련 궁리궁리 골머리 앓아 봐자 뾰쪽한 방법이 있을 리 만무했다.

  때마침 중국과 무역하는 무역상들이 물살이 거세 세월호를 침몰시킨 진도 앞바다 와 같은 백령도 앞바다 인당수에 인신공양 제물로 용왕님께 바칠 처녀를 구한다는 광고가 나붙었다.

일본 놈들 "대일본제국 천왕 충성 가문 영광" 정신대 처녀 꼬드기듯 "중국 무역업체 취업 300석 년봉 보장 숙식제공" 도화촌 마을 입구 광고 전단지에 적힌 주소지 "한중해상무역 연락사무소"를 찾아가 300석 선불 조건부로 신체 포기각서를 쓰고 계약을 완료했다.

"아버님, 이제부터 근심 걱정하지 마세요. 공양미 300석 몽은사로 보냈어요"

"네가 어떻게? 그 많은 돈을 마련할 수 있단말이야."

"장 승상 노부인이 딱한 사정을 아시고 저를 수양딸로 삼는 조건부로 300석 공양미를 몽운사로 보내주었어요"

심청이 아버지를 안심시키기 위해 장 승상 댁 수양딸로 팔려간다고 거짓말을 했다.

이제 아버지는 누가 돌보겠는가? 뺑덕어멈은 심청이 열심히 일해 모아둔 재산이 있는 줄 알고 심 봉사와 살았는데 알고 보니 땡전 한 푼 없는 알거지인지라 일찍이 정리하려는 차에 심청이 장 승상 집 취업 되고 심청이가 공양미 삼백 석을 몽은사에 바치면 심 봉사 눈을 떠 밥벌이는 하겠다 싶어 그대로 눌러앉아 살기로 했다.

그래도 뺑덕어멈이라도 있으니 다행이다 싶기는 해도 도무지 안심이 안 되긴 했지만 이제 어쩔 도리가 없었다. 그래고 눈먼

아버지 눈 뜨게 되면 혼자 당당하게 살아갈 수 있으리라 스스로를 위안했다. 마지막으로 아버지 옷가지 챙겨드리고 버선이라도 만들어 드려야겠다고 밤 늦게 삯바느질하며 쏟아지는 눈물을 겨우겨우 참아내며 버선을 완성하며 날을 샜다.

뒤늦게 장 승상 부인 공양미 삼백 석에 용왕님 제물로 팔려간다는 소식을 듣고 심청에게 불러 이르길, 내가 공양미 삼백 석 몽운사에 시주할 테니 그놈들과 계약을 취소해라하시니, 참으로 고마우신 말씀이나 이미 한중무역화사와 약조해서 계약을 파기하면 계약금 두 배로 갚아야 하는데, 부담을 드릴 수도 없고 이제까지 베풀어주신 은혜도 갚지 못해 죄송합니다. "저승에 가서라도 결초보은하겠습니다."라는 말을 남기고 한중 해상무역연락사무소 직원을 따라나섰다.

인천항에서 한중무역선 배를 타고 백령도까지 한나절 걸려 도착했다. 뱃머리 갑판 위에 돼지머리, 떡, 과일, 생선 한 상 가득 차려놓고 무당 푸닥거리 시작되었다.

"비나이다. 비나이다. 용왕님께 비나이다. 저희 무역선이 안전하게 중국과 한국을 오갈 수 있도록 뱃길을 시원스럽게 열어주십시오, 오늘은 아릿다운 도화촌 처녀를 용왕님게 바치오니 굽어 살피소서"

바다속에서 이들을 지켜보시는 용왕님께서 흡족해하시며, 껄

껄 웃으셨다.
"이제야 너희들이 내 뜻을 알아차렸구나. 진즉 그렇게 처녀들을 바쳤으면 내가 어찌 너희들의 장삿길을 훼방놓았겠느냐? 자고로 열 사내놈 치고 여자 안 밝힌 놈이 어디 있겠느냐? 고려시대 때부터 원나라 명나라 때 조선에서 조공과 함께 공녀들을 바쳤느니라. 그 오랜 전통을 네 놈들이 무시하고 꼴갑을 떠니 세월호 참사가 생겨나지 않았느냐 말이다. 그런데 오늘은 너희들의 정성 갸륵하여 뱃길은 안전하게 열어줄 것이니라. 아버지를 위해 제 몸을 희생하고 나를 만나기 위려고 동양 최초 다이빙 선수로 출전해준 심청이 뜻이 너무 가상해서 응분의 상을 내리도록 하겠으니 너희들은 걱정말아라. 너희들은 그래도 예의가 바르구나. 경제 사정이 어려울 텐데 많은 돈을 들여 처녀 제물을 구해서 나에게 바치다니 그 뜻이 너무도 가상하다. 어떤 놈들은 일본이 낡아서 폐기 처분한 여객선을 사다가 돈을 벌겠다고 짐 잔뜩, 수학여행 학생들을 가득 싣고 가다가 침몰하니까 배 안에 학생들을 내버려두고 저만 살겠다고 뛰쳐나온 세월네월 호인가 뭔가도 있었다지만 그래도 너희들은 목선에 목숨을 나에게 맡기고 무역이라도 해서 밥벌이하겠다는 뜻이 가상해 어여삐 여기노라."
용왕님 흡족하시어 일장 연설하시고 심청이가 인당수에 다이

빙하자마자 용궁으로 데려오게 했다. 심청이는 용왕님은 만나고 용왕님의 융숭한 대접을 받는 것이 꿈만 같았다. 심청이는 이곳에서 전생이 있고, 현생이 있고 미래가 서로 얽혀 있으며 착한 사람은 착하게 다시 태어나고 악한 일을 하게 되면 그 후손이 벌을 받는다는 것도 알게 되고 용왕님의 신통방통한 배려로 얼굴도 모르는 자신을 낳아준 어머니 곽씨 부인과 남북 이산가족 만남이 아니라 전생과 현생의 만남을 주선해주었다. 그리고는 현생과 미래의 만남을 주선하여 연꽃으로 변신시켜 바다 위로 띄어 보냈다.

한중무역선 남경호가 인천항을 출발하여 중국의 닝보항으로 가는 도중 인당수에서 동동 떠있는 눈이 부시게 화려한 연꽃 한 송이를 발견하여 그걸 건져 올렸다. 선장은 중국에 도착하자마자 중국해상 무역사무소 소장에게 보고하고, 소장은 곧바로 중국의 송나라 황제에게 연꽃을 바치기로 했다.

"동방예의지국 인당수에서 연꽃을 건져왔다고, 정말 해괴한 일이로다, 바다 위에 이렇게 어여쁜 연꽃이 떠있었다니 아마도 상서로운 일이 일어날 징조로다."

송나라 황제는 연꽃을 이리 보고 저리 보고 물끄러미 바라보고 있으려니 연꽃 속의 꽃잎이 열리면서 눈이 부시게 아름다운 여인이 나타나는 것이었다.

"그대는 용왕님의 딸인가? 하늘에서 내려온 천사인가?"
"소녀는 조선국 황해도 황주군 도화촌에서 살다가 한중무역사무소에 제물로 팔려온 심청이라 하옵니다."
황제는 심청이의 전후 사정을 모두 듣고 기꺼이 심청을 황후로 맞아들였다.
그리하여 심청이 황후의 간청에 따라 황제는 전국은 물론 이웃 나라 조선의 맹인까지 초대하는 한중 맹인 총 단체연합회를 조직하고 맹인대회를 일주간에 걸쳐 열기로 했다.
맹인 잔치에 참여하기 위해 오는 도중 뺑덕 어멈의 변덕때문에 고생고생하다가 송나라 황궁에 맹인대회 마지막 날이 겨우 도착하였다. 맹인대회 폐회식이 있는 날 마지막 만찬회 석상에 심 봉사가 말석에 앉았다.
눈이 빠지게 기다리던 심청 황후는 폐회식 직전에 말석에 앉은 맹인이 바로 아버지라는 것을 알고 기뻐서 마구 달려갔다.
"아버지."
한바탕 소동이 일어났다. 보디 가디들이 손살 같이 달려갔다.
"이 나라 황비님이시다. 예를 갖추시오."
심 봉사는 부들부들 떨었다. 아버지하고 부르는 목소리는 분명 심청이의 목소리가 분명한데 황비라니 깜작 놀라 자리에서 벌떡 일어났다.

"아버님, 눈을 떠 저를 보세요."

맹인 지팡이를 짚고 더듬거렸다. 황비가 된 딸을 만져볼 수도 없고 이걸 어쩨야 쓰나. 황비의 얼굴을 만져보면 불경죄로 군사독재 시절 무자비하게 심청 교육대에 끌려갈 것이 뻔한 일, 불경죄를 저지를 수 없으니 심 봉사가 눈을 뜰 수밖에 없었다.

"황비님 같이 높으신 분이 제 딸이라니오?"

"아버지, 제가 심청이에요."

삼백 석의 효과는 발휘되었다. 몽은사 화주승이 보이피싱은 아니었는가 보다. 당시는 전화가 없으니 보이스 피싱하기도 어려웠고, 땡중들이 공양미를 요구하고 착복하는 일이 종종 있었다고 한다.

그렇다면 삼백석의 현재 가치를 환산해보면, 쌀 한 가마니 80kg라고 할 때 두 가마니에 해당하는 양을 1석 또는 1섬이고 한다. 따라서 300석은 600가마니가 되는 셈이다. 600가마니×80kg=48,000kg, 10kg를 3만 원이라고 가정할 때 1억 4천 4백만원에 해당한다.

맹인의 가정에서 이런 큰돈은 손에 쥘 수는 없는 일이지만, 그 당시의 인신 매매가가 144,000,000원 정도였다.

대법원은 모 전직 대통령에게 징역 17년, 벌금 130억, 추징금 57억8천여만 원을 선고했다.

벌금과 추징금을 합쳐 187억 8천여만 원, 이것을 심청이가 팔려간 액수로 나누면 130명의 처녀를 살 수 있는 금액이다. 감옥에 있으면 돈이고 처녀고 만날 수 없으니 돈은 있으나 마나다. 죽으면 한 푼도 가져갈 수 없으니 살아있을 때 어려운 사람들, 특히 장애인들이나 맹인들을 돕고 사는 것이 심청이와 같이 미래에 황비가 될 자산을 축척하는 일일 것이다.

죽산보

영산강 굽이굽이
굽이쳐 흐르는 강물은
홍수 때마다
허리를 굽혀 탁류를
바다로 흘러보냈다.

바닷물의 움직임에 따라
하루에 두 번씩
썰물 때면
강은 낮은 데로 흐르다가
밀물이 들면 위로 거슬러 오르며
바다와 강을 잇는
뱃길이 되어 주었다.

흑산도 홍어, 임자도 조기
목포 앞바다 해산물들이
나주의 쌀, 배들이
황포돛대와 통통배에 실려
영산포와 목포를 오갔다.

가뭄이 들 때마다
강변 들판
벼들이 말라가는 것을
그냥 바라만 보고 있을 수 없었다.
가뭄이 들어도 끄떡없이
농사지을 수 있도록
뱃길 끊고 강이 바다를 만나는
하구를 막았다.

강은
바다로 가는 흐름을 멈추고
끙끙 앓기 시작했다
아파도 아프다고
말할 수 없었다.

강의 갈래갈래 끝자락마다
장성호, 나주호, 주암호, 담양호 댐을 막았다.
막힌 강은
모세혈관이 막혔다.

돌팔이 박 의원 박 박사는
무조건 대수술해야 한다고
휘어진 물길을 바로잡았다.
강바닥에 철심을 박았다 .
콘크리트 물길을 막았다.

강허리는 곧추섰으나
물길은 콘크리트 장벽에 갇혀
마른기침을 쏟아냈다.
목젖까지 간질거리는
녹색 가래 쿨렁쿨렁
강은 신음하기 시작했다.

팥죽 뿌려놓은 산마루
휘돌아가며
역겨운 냄새를 풍기며
죽어가기 시작했다.

다시 처음 상태로 되돌리려면
강바닥 물길 막는

콘크리트 장벽을 거둬내야 한다고
탁상머리에서 의견을 모았다.

또 한 번의 강바닥을 휘젓는
대공사를 앞두고
강은 말기 암 환자처럼
불안에 떨기 시작했다.

바다로 가는 길을 막을 때부터
강은 오래전부터 이미 중병을 앓고 있었지만
모두들 까맣게 잊고 있었다.
허리가 굽어
추관공 협착증으로 오진했었다.

박아놓은 철심과
막아놓은 석고 뼈 깁스를
다시 거두고
물길 되돌리는 대수술
또 한 번의 오진으로
강은 또다시 죽을 고비를 맞이하고 있었다.

금강정에서

영산강 중류
삼한지 테마파크 끝자락
허리 굽은 배꼽 안에
들어앉은 금강정

강 건너 등허리
이별 바위틈
비집고 들어앉은 석관정

강을 사이에 두고
서로 마주 보며
시인들은 시를 읊어왔다.

이제는 시인들이 찾지 않는다.
시인은 많아도
시가 없는
텅 빈 정자
강변 따라
자전거가 달려간다.
자동차가 달려간다.

몸으로
시를 쓰는
나그네들만 스쳐 지나간다.

금사정

벼슬자리 꿈 접고 낙향한 열 한 명의 선비들
금사정에 동백나무 한 그루 심고
기묘사화 울분을 빗물로 쏟아내며
강물처럼 잊혀졌다오.
속절없이 흘러가는 영산강물 바라보며
부귀영화 덧없다고
해마다 동백꽃 붉은 울음 흘렸답니다.

펴지도 못하고 무참히 꺾인 날개
움추린 채 금사정에 모여서
기묘사화 피비린내 지조로 버텨내며
떳떳하게 살아왔다오.
하염없이 사운대는 갈대꽃 바라보며
벼슬자리 덧없다고
해마다 동백꽃 붉은 눈물 흘렸답니다.

강둑길을 걸으면

가을날 해질 무렵
강둑길을 걸으면
갈댓잎이 서걱서걱
옛 사진첩을 펼쳐놓고 있었네.

서늘한 가을바람이
먼지 낀 사진첩
먼지를 털어주며
사진 속 얼굴들
기억하고 있느냐 묻고 있었네.

랄라라라라 랄라라라라
내 사랑아, 내 사랑아

그때 그 시절
둘이서 강가를 걸으면서
내일도 함께 하자고 한 그대
지금은 어디에 살고 있을까?

지금도 나처럼
그대 날 생각하고 있을까?

궁금해 여기 왔는데
그대의 음성 들리지 않네.

갈꽃 흔들흔들
그대 손짓이러니
노을 내린 강물
그대 눈빛이러니
나는 그대를 생각하고 있네.

씽긋 웃는 그대 얼굴
젊은 날 사진첩 속 해맑은 얼굴
그대 생각하며 강둑길 걷네.

가을날 해질무렵
강둑길을 걸으면
갈댓잎이 서걱서걱
옛 사진첩을 펼쳐놓고 있었네.

서늘한 가을바람이
먼지 낀 사진첩

먼지를 털어주며
사진 속 얼굴들
기억하고 있느냐 묻고 있었네.

랄라라라라 랄라라라라
내 사랑아, 내 사랑아

주꾸미

한 해가 지나면
걱정만 늘어났다.
껑충 뛰는 전세금
발이 통통 붓도록 먹물 뿜어댔지만
되돌아오는 빈 메아리
바다는 넓지만
편히 쉴 집 한 채 없는
여전히 떠돌이었다.

해마다
주름살만 늘어갔고
흰 머리카락 일어섰다.

청약저축보다
늘 앞서가는 전세보증금 대출금
내 집 마련 꿈은
쭈뼛쭈뼛 언제나 먹물이었다.

먹물을 품고 살아왔지만
시커먼 먹물을 감추고

들이 내민 거대기업 아파트 분양 소식
줄지어 늘어선
소라껍데기 모델 하우스
이게 꿈이러니
소라껍데기 속에 앉아보았다.

"송충이는 솔잎을 먹고 살아야 하는 법이여"
어머니 말씀이 생각났지만
아늑한 보금자리 환상에
마음 독하게 먹고
소라껍데기 모델 하우스
청약 신청
덫에 걸려 아차 하는 순간
물 밖의 세상으로 끌려왔다.

이제 보금자리의 꿈은
목숨과 맞바꿨다.

"잡혔다, 먹물 숨기는 이놈들"
마지막 순간

온 힘을 다해 먹물을 토해냈지만
먹물쯤이야 당연하게 받아들이는
먹물도 통하지 않는
먹통 같은 함정에 그만 걸려들고 말았다.

빈 소라껍데기는
바다 밑 무덤이었다.

파도

해안가 방파제 일식집
바람은 주방장과 함께 살고 있었다.
주방장은 틈틈이 날마다 칼 갈았다

방파제 테트라포트에다
무딘 칼날을 쓰윽 문질러댔다.

도마 위에 팔딱거리는
바다의 내장을 도려냈다.
바다는 있는 힘을 다해
꼬리지느러미를 파닥거렸다.
마침내 내장이 와르르 쏟아졌다.
핏방울이 솟구쳐 사방으로 튀겼다.

뼈에 붙은 속살을 발라냈다.
방파제 벽면에 달라붙은 따개비, 굴 등이
앙상한 정체를 드러내자
살점이 뚝 떨어져 내렸다.

바다의 시퍼런 몸뚱이가
하얀 속살을 내보이며 꿈틀거렸다.

비릿한 갯냄새가
물큰 코를 찔렀다.

주방장은 익숙한 손놀림으로
칼날을 옆으로 뉘어
바다의 껍질을 벗겨냈다.

죽방렴

남해 창선 지족해협
죽방렴에도
하루에 두 번씩
떴다방들이 몰려왔다.

밀물 때가 되면
우르르 몰려와
북적대는
신도시 아파트 분양
V자 모델 하우스
건어물, 횟집가게

미끼 없는 함정
줄을 세워 안내하고
썰물이 모두
빠져나간 뒤
멋모르고 바닷물 따라오다가
미처 빠져나가지 못한 멸치 떼
대나무 촘촘히 엮은
대발통 안에 갇혔다.

멸치군단을 따라
덩달아 휩쓸려 온
눈치 없는 떴다방
불가사리, 해파리
투기 뜰채에 걸려
날벼락을 맞았다.

다달이 청약저축적금 부어
내 집 마련하려다
벼락 맞은
갯장어, 핫꽁치, 망둥어, 전어, 꽃게, 갈치, 새우…

분양업자
담보대출 입통에 빠져
후리그물에 걸려
파닥파닥
발버둥거리다가
대출이자 발목 잡혔다.

죽방렴 말뚝 박고
걸려든 멸치 떼
죽방멸치
덤으로 따라 온
횟감용 물고기들
건설업자, 분양업자, 부동산 투기꾼들
거드름 피우며
초장에 입맛 다시고 있다.

갯마을
이곳저곳
줄지어 늘어선
토지 분양, 신축 빌라 매매
마른 멸치 건어물상과 횟집들

남해 몽돌

수석을 줍겠다고
남해바닷가를 간 적이 있었다.

수천 수만 년
파도가 조리질해놓은
몽글몽글한 몽돌

동물의 형상
보기 좋은 무늬
모가 다 닳은 돌멩이들을
찾아다녔다.

바닷물에 잠겨있을 때
쓸 만하게 보이는 돌을 건져
물 밖으로 건져놓으면
돌이 다른 모습으로 변했다.

하루종일
땡볕에서 고른 몇 개의 몽돌을
가방에 담아
집으로 가져왔다.

남해 한 귀퉁이가
방안에 들어앉아
철썩철썩
파도 소리 토해냈다.

어느 날
아내는 몽돌을
김치 항아리 뚜껑 위에 올려놓았다.

김치 항아리 속에서
노을빛 바다가
갈무리되었다.

강마을 어부

어부는
강물에
그물을 던졌다.

물 밖 세상
얼키설키
옮겨놓았다.

물속만 아는
물고기들
덫에 걸렸다

파닥파닥
물 밖 나들이

어부는
물속 세상을
끌어올렸다.

재첩잡이

섬진강 하류
하동포구
재첩잡이 할머니들

모래 자갈 강바닥
거랭이 싹싹
숨은 재첩
요리조리
조리질

거랭이 속
자갈 자갈
작은 돌멩이
쏟아버리고

조잘조잘
어깨동무
갱조개 무리
고무대야
태워서 동동

"엄마 손은 약손 아기 배는 똥배"
어젯밤 술 마시고
쓰린 뱃속
첩첩첩
쓰다듬어줄
재첩 된장국

블루길

월남에서 시집왔어요.
월남 붕어 댁

청색 길 찾아
대한민국에서 가정을 꾸렸어요.
가시 지느러미로
어려움도 참고 견디며
악착같이 잘 살겠어요.

강과 냇가, 저수지
블루길 독차지
파닥파닥 밑둥이 짓
미래의 대한민국
앞당겨 보여드리지요.

왜 억척이냐는
낚싯대 설문지 던지면
기꺼이 응답해드릴게요.

강물이 흐르다가 기도할 때

 강물이 흐르다가 무릎을 꿇고 기도할 때 굽이굽이 뼈마디가 쑤셨다. 방바닥에 맞닿는 강의 무릎뼈가 삐걱거렸다.
 굽은 오금 언저리에서 항상 강물이 기웃거렸고 모래들은 흐름을 멈추었다. 강의 종아리가 저려 왔다.

 강이 다시 일어서려고 하자 쥐가 나 움직일 수 없었다.
 강은 다시 벗어나려고 발 동동 굴렸다.
 한참 동안 강물은 그렇게 서성거리다가 뒤뚱뒤뚱 한쪽 발로 걷기 시작했다.

 강은 늘 허리를 굽힌 채로 흘러가면서 자갈과 모래와 흙을 아무도 몰래 감싸주며 떠밀어주었다. 그러다가 흐름이 약해지면 SOS 신호를 보냈다.

 강물의 SOS, S자 곡선 사이 모래들은 항상 둥글둥글 굴러갔다. 그러다가 무릎을 꿇고 기도하는 시간이 되면 강물은 안절부절했고, 모래들은 굽은 오금 쪽으로 모여들었다.
 날이 갈수록 더 많은 모래들이 모여들어 묵상을 했고, 강바닥에 맞닿는 강의 무릎 뼈마디는 더욱 쑤셔왔다.

그러다가 장마가 오고, 강물이 불어나가 시작하면 발정 난 황소처럼 마구 뛰었다. 멈추었던 모래들이 놀라 함께 뛰어갔다. 장마가 그치고 거센 강물이 흐름을 멈출 때 모래들은 바다를 만났다. 하루에 두 번씩 조류의 흐름에 따라 거슬어 올라 갔다가 다시 내려왔다가 모래들은 갈팡질팡했다

　강물이 흐르다가 SOS 신호를 보내는 시간
　무릎 꿇고 기도하는 시간
　항상 모래들은 침묵했다.

　강물이 모래를 품어주었듯이
　모래들은 바다를 앞에 두고
　갈팡질팡하는 재첩들을 꼭 품어주었다.

　강물은 미래의 자화상을 바다에서 보고 있었다.
　너무 넓어 방향을 알 수 없는 바다
　너무 깊어 모래를 감싸줄 수 없는 바다
　날마다 출렁거리는 바다
　날마다 해가 뜨고 지고 하늘과 만나는 바다

강물이 흐르다가 멈출 때 모래도 멈추었다.
강물이 빠져나간 모래톱에는 사막이 되었다.
모래는 강물이 마르면, 사막 된다는 것을 모르고 있었다.

강물은 모래의 어머니였다.

플라이 낚시

맑은 물 토박이
송어, 연어, 산천어는
벌레들이 날아다니는 모습으로
속이는 플라이 낚시

작은 벌레 유충이
물 속에 있는 것 같은 님프
물살에 떠다니는 것 같은 웨트
물 위에 동동 떠있는 성충 드라이
스윙스윙스윙

덥석 고향으로 돌아오다가
연어가 낚였다.
맑은 물 지킴이
송어, 산천어가 낚였다.

'흐르는 강물처럼'
까마득히 잊혀진
먼 추억까지 낚였다.

도래

릴에 감긴 낚싯줄
던지고 감기고

빙글빙글
줄이 꼬이면 엉킨다.

낚싯바늘 끝줄
도래가 돌면서
낚싯줄 꼬임을 막는다.

바늘끼리
엉켜붙지 말라고
삼각도래

파닥파닥
잡힌 물고기
줄을 감고 휘돌아도
도래가
돌고 돌아
제자리 찾아준다.

팔자 묶기

낚싯줄을 낚시에 묶거나
도래를 묶을 때
줄이 안 풀리게 하려면
팔자로 묶어야 한다.

한번 묶으면
풀리지 않는 팔자

미끼 노리다가
낚시에 입이 물린 물고기
메비우스의 띠에 갇힌다.

놓친 물고기

끌어내다
놓친 물고기는
커 보인다.

뒤돌아서
달아나는
물고기를 보고
서툰 강태공

꿈속에서도
놓친 물고기
아리랑 노래 부른다.

영산강 낚시

바다와 만나는 곳
목포와 영암 사이 둑을 막았다.

영산강은
영산호

승촌보과 죽산보를 막아
중간중간 수위를 조절하고
민물이 넘치면
하구언 수문을 열어 바다로 흘러 보냈다.

수문이 열리면
장어들과 숭어 떼들이 올라와 갇혔다.

영산강에는 잉어, 붕어, 누치, 가물치 메기, 베스, 블루길
민물고기들과 숭어, 장어가 살았다.
수달들도 둥지 틀었다.

베스, 장어, 잉어, 붕어를 잡으려는
낚시꾼들이 영산강을 찾아들었다.

무조건

사랑은 줄다리기
밀고 당기기

낚시는
공짜 미끼 야금야금
안 걸리게 먹어야 한다.

실수로 덥석 물다
낚싯바늘에 걸리면
죽느냐 사느냐
갈림길

낚시꾼은
너 죽으면 나 좋다
무조건 끌어당긴다.

너무 세차게
끌어당기면
끌려온 물고기 입이 찢어진다.

조금씩 당기고 버티면서
물고기를 지치게 해야 한다.

낚싯줄 풀어주면
물고기가 뒤돌아선다.
온몸 파닥파닥
힘차게 바늘을 떼어내고
줄행랑친다.

떠나간 물고기
아른아른
내 탓이오, 내 탓이오.

입질

강물 속에 처음 보는
주먹밥 내려왔다.

물고기들
고소한 냄새 맡고
우르르 몰려들었다.

이게 뭐지?
톡톡 주둥이로 건드렸다
떡가루 부서졌다.

한 입 꿀꺽
기막힌 맛
입안이 간질간질

주먹밥 주위 왔다갔다 하다가
이제 더는 못 참겠다.
한 입 와락 꿀꺽

입 안이 따끔
낚싯바늘이 입술을 파고들었다.
아! 아!
줄에 매달려
입 벌린 채 발버둥

뻐끔뻐끔 입방아질
두레박이 되었다.

물 위로 붕 떠서
끌려가며 파닥파닥

푸드 피싱 주의보

영산강 강둑에는
한쪽은 자전거길
다른 쪽은 자동차길

강둑 안
강변에는
널따란 갈대밭
꿩, 개개비, 고라니, 온갖
야생동물 보금자리

수시로 태공들이
찾아들었다.

강, 물속 나라
푸드 피싱 주의보가 내렸다.

물속 친구들
던져놓은 미끼는
제삿밥

군소

완도 보길도
앞바다에서 군소를 보았다.
선거 때마다 나타났다 사라지는
군소들 우글우글
갯바위 틈 귀 쫑긋
얼룩덜룩 느글느글
해초 뜯어 먹으며 한 표 구걸한다.

물컹 다가와 징글징글
보라색 명함 내밀며
저희들에게 꼭 한 표만

흰색피 뿜어대는 군소들
깨끗한 저희들에게 한 표
암수 한 몸 똘똘 뭉쳤습니다
그 누구라도 우리들을 건드지 못합니다.

제주도 귀향길
태풍으로 잠시 머문 송시열
글썬바위 밑
같잖은 군소들이 설쳐댄다.

제3부

붕어빵 팝니다

붕어빵 팝니다
갯바위 낚시
마량포구
줄
갈치 낚시
바지선 낚시
노을 낚시
가마우지 낚시
망둥어
홍어
갯벌 낙지
해루질
홍수
산속 호수
강가에 앉아
가창오리
대어(大漁)와 대어(代漁)
밤낚시·1
밤낚시·2
장어낚시
어탁(魚拓)
겨울 낚시
영산강의 어제와 오늘

붕어빵 팝니다

붕어빵 팝니다.
고향의 냇가에서 쪽대로 잡던 붕어를
도시의 길거리 한 귀퉁이에서
붕어 모형을 만들어 팝니다.

붕어빵 틀 속에
밀가루 반죽과
팥고물을 넣고
뜨거운 정성으로 만들었습니다.

은빛 비늘 파닥거리는
붕어를 떠올리며
밤새 고향의 들판에서 반죽해온 밀가루
산비탈 밭고랑에서 잘 익어 톡톡 튀는
팥을 수확하여 가마솥에 물 붓고 푹 삶은
팥고물을 섞여
퇴근길 집으로 돌아가는 가장들에게
어머니의 사랑으로 익은
붕어빵을 팝니다.

한 봉지에 천원
퇴계 선생 초상화를 받고
따끈따끈 할머니의 선물 같은
붕어빵을 맞교환합니다.

퇴근길 집에서 기다리는
붕어빵 닮은 자식들에게
파닥파닥 몸부림치는
붕어를 사다가 드리십시오.

혼자만 간직하기에는 너무나 아까운
고향의 붕어 잡던 추억을
가족들에게 나눠주십시오.

갯바위 낚시

뾰쪽뾰쪽
거문도 갯바위 벼랑

겨우 자리 잡아
낚싯줄을 던졌다.

줄이어 달려오는 파도
발밑 벼랑에 부딪히자
물보라를 일으키며
솟구쳐 튀겨 올랐다.

바위에 다닥다닥
오밀조밀
깍꿍놀이 하는
홍합, 거북손, 따개비

딸랑딸랑
방울 신호
휘청거리는 낚싯대

-앗싸, 왔구나 왔어

휘어진 낚싯대 끌어 올리자
파닥파닥 바둥대는 강성돔
활시위 휘어진 낚싯대
낚싯줄을 끌어 당긴다.

-왔구나. 왔어.
태공의 하마 입 외마디 소리
헐레벌떡 끌어당기는 낚싯줄
두근두근 방망이질 가슴
가쁜 숨 내뱉는다.

마량포구

서천 마량포구는
서해를 낚는
낚싯바늘이다.

비인 낚싯줄을
띠섬목에 묶여놓고
물고기들을 기다리는
한산 모시줄 같은
금강 물줄기

백제 계백장군이
당나라 군사를
낚으려다가 낚싯줄을
모두 뺏겨버린 뒤

마량 방파제
날카로운 바늘 끝에서
서해가 미끼를 빼낸
연도, 죽도, 계야도

낚시찌를 내린
기벌포 장암 추바위
일본의 침략
제련소 굴뚝이
찌처럼 솟아올랐다.

군산항에
추를 내리고
새만금 방조제는
긴 낚싯대를 드리우고 있다.

줄

높이 오르려면 악착같이
내려오는 줄을 잡아야 한다.
하늘을 쳐다보며
줄이 내려와 주길 기다리는 마음으로
사무실 컴퓨터 앞에서 자판을 두드린다.
"저를 살리려거든 튼튼한 동아줄을 내려주시고
 저를 버리시거든 썩은 동아줄을 내려주세요"
동아줄이 내려오려는 움직임에 촉각을 곤두세우며
그들은 막연한 미래를 꿈꾸었다.
동아줄이 튼튼하건 삭아있건 잡으려는 사람들에게는
문제가 되지 않았다.
무조건 내려오는 동아줄을 서로 잡으려고 달려들었다.
만약 동아줄이 끊어지면 그대로 떨어져
평생 불구가 되더라도 잡아야만 했다.
그들에게는 선택의 기회가 없었다.
허공을 향해 내민 수많은 팔들이 네온사인의 불빛처럼
현란하게 흔들거렸다.
휴일에 나는 줄을 기다리다 지쳐
줄을 내려주는 구세주가 되기로 했다.
낚싯대를 메고 강으로 나왔다

두엄자리 어둠 속에서 살을 찌운
지렁이 몇 마리를 잡아
낚싯바늘에 끼워 강물에 던졌다.
지난 일주일을 물속에 옮겨놓았다.
그리고 그들의 움직임을 알려주는 찌만을 바라보았다.
찌는 움직이지 않았다.
나는 로또 복권의 번호에 마킹을 하듯
낚싯줄을 감았다가 다시 던져넣었다.
대어가 물리길 간절히 기다리며
그러나 나는 잘 알고 있다.
대어가 물었을 때
짜릿한 전율을 느끼며
낚싯줄을 끌어 올리면
내 존재가 물속으로 숨어 들었다.
대어를 잡은 순간을 기념하기 위해
대어의 몸뚱이에 먹물을 묻히고 탁본을 뜨고
어탁을 내 방안에
영정사진처럼 걸어놓았다.

갈치 낚시

사는 곳이
모두 전쟁터다.
몸부림칠 때마다
온몸이 칼날이다.

넓은 바다 속에서
살아남기 위해
칼끝 같은 날카로운
주둥이를 벌리고
악다구니 쓰며
닥치는 대로 살아왔다.

집어등 불빛 보고
화려한 꿈을 꾸며
생각 없이 달려왔다.
치렁치렁 줄에 매달린 꽁치 도막
반갑게 맞이하는 고소한 식사
널름 삼키자마자
입천장을 아려오는 아픔
부르르 떨며 파닥거릴수록
조여 오는 낚싯바늘

생사가 한순간이다.
날카로운 칼끝 갑질
한순간 저승길이다.

바지선 낚시

성산포 앞바다
바지선 낚시

바다 소식이
궁금한 사람들이
수시로 찾아와 낚싯줄을 던져
바다 밑과 교신을 시도한다.

바다 밑 소식 전하려고
달려 나오는
용치놀래미

스스로 제물이 되어드리지요.
기억해주세요.
저희들의 죽음이 헛되지 않도록
기억해주세요.

성산포 앞바다
당신과의 마지막
바지선 통신을……

노을 낚시

노을무렵
강가에 앉아 강물에 물든
빠알간 노을을 낚습니다.

핏빛 노을 같은 외로움
한 자
반짝반짝 그리움
한 근
월척을 낚았습니다.

스멀스멀 가라앉는
대나무 구덕에다
낚은 것들을 담아
물속에 넣어 두었습니다.

필사적으로 첨벙거리며
저항하는 물고기들
그들의 목숨이 내 손안에 있습니다.

그들은 머지않아
식탁을 풍요롭게 할 겁니다.

가마우지 낚시

물고기를 잡아도
내 것이 아니었다.
잡은 것을 다 뺏기고도
또 잡으러 가야 했다.

주인에게 손아귀에서 사육당하기 시작하면서부터
가마우지는 자유를 잃었다.
노예였다.

누구를 위해 물고기를 잡아야 하는가?
주인의 손아귀에서 겨우 목숨을 이어갔다.
발목에 묶인 끈 안의 자유

물고기를 잡아올 때
던져주는 먹이를 받아먹으며
주인을 위해 물고기를 물어 날랐다.

끓어오르는 분노는 별빛처럼 반짝거렸다.
가마우지는 물고기에게 분풀이했다.
굶주린 배를 채우기 위해 더 많은 물고기를 잡아

주인에게 바쳤다.
물고기의 목숨은
가마우지 배후 주인의 손에 달려 있었다.
맹수도 배부르면 다른 생명의 목숨을 거두어가지 않지만
주인은 잡은 물고기를 돈으로 셈하였다.
날마다 가마우지를 데리고 강을 찾아왔다.
주인이 주는 물고기 몇 마리로 허기진 배를 채우며
주인이 시키는 대로
주인의 손아귀에 묶인 줄에 매달린 낚시가 되었다.
가마우지가 잡은 물고기는
가마우지의 것이 아니였다.
가마우지는
물고기를 잡는 낚시도구에 지나지 않았다.

망둥어

눈치도 없고 체면도 없다.
넓은 바다에 살면서도 아웅다웅
바다와 민물이 만나는 곳으로 찾아든다.

조급한 천성으로
조심성이 없어
미끼 매단 낚시가
물속에 들어오자마자
서로 달려들어 덥석 물고 본다.

먹다가 죽어도 좋다.
닥치는 대로 먹고 볼 일이다.
살기 위해 먹지만은
먹기 위해 죽음을 택하는 똥배짱

배 채우는 일을 전쟁과 같이
갯벌 밑바닥을 길길이 날뛰며
생각이 없이 살아간다.
내일이 없다.

홍어

마름모로 태어나서 평생을 엎드려 살아왔습니다.
마름 노릇 어디 사람이 할 짓이던가요?
먹고 살아가려고 태어난 마름모꼴로 살아왔지만
이제 낮은 곳에서 죽은 듯이 엎드리고 살아가겠습니다.
높은 세상이 궁금해 위로 올라간 친구들은
모두 소식이 없습니다.
물 위로 올라갔다 죽을 고비 넘긴 친구들은
위로 오르는 꿈 모두 접고 더욱 납작하게 엎드려 말했습니다.
"바닷물 위는 난장판 세상, 지옥이더라."
평평한 것 같은 수면 위 파도가 달려오고
물 위에 동동 뜬 이상한 물체에 바닷속 친구들이 줄에 매달려
어디론가 끌려 들어가는 것들을 보았답니다.
한시도 가만히 있질 못하고 출렁출렁 욕망들이 꿈틀거리는
물 위의 세상
깊은 곳에 엎드려 살아가야 목숨 부지한다 했습니다.
제 분수 모르고
물 위로 떠 올라 동동 세찬 파도에 이리저리 떠다니는
해파리 생활
흐물흐물 속물 같이 살아가다가는

제명에 살지 못하고 거대 해양 동물 고래나 상어의
한 끼 먹거리가 되고 맙니다.
모두들 쫓고 쫓기는 생활
물 위의 풍속도
가장 낮은 밑바닥에서 엎드리는 속 깊은 홍어
바다의 청소부
밑바닥 인생살이
대대로 하루아침에 권좌에서 밀려나
흑산도로 귀양 온 양반들의 최후를 보고 살아왔습니다.
우리들은 악랄한 일본 놈 앞잡이, 추노꾼들을 피해
전라도 흑산도 앞바다에 터 잡아 살아왔습니다만
정말로 추노꾼들의 추적은 끈질겼습니다.
추노꾼들은 같은 동족을 팔아서 제 잇속을 챙기는 악랄한 족속들입니다.
　배를 타고 흑산도를 쫓아와 바닷물 위에서 낚싯줄에 미끼 매달아 우리들 곁으로 주낙을 놓습니다.
　남의 것 탐하는 어리석은 놈들은 주낙에 걸려 줄줄이 끌려갔습니다.
　추노꾼들에게 잡힌 우리들의 몸값은 금값
　죽은 채로 영산포로 끌려가 잔칫집의 제물로 바쳐지고

잔칫집 하객들의 막걸리 안줏감으로 입 안을 톡 쏘며
"카-"하는 즐거운 외마디 함께
사람들의 뱃속 구경
홍어는 죽으면 잔칫집 귀한 대접 받고
사람들의 뱃속에서 장례가 치루어집니다.
우리들의 장례식장 영산포는 흑산도 토박이 대신 국제 장례식장
칠레, 아르헨티나, 포클랜드, 우루과이, 러시아 등등
세계 각국 홍어들의 장례가 치뤄집니다.
애간장 녹은 홍어 애는 고춧가루 푹푹 넣은 홍어애탕, 생보리 된장국으로 밥상에 오르고, 몸뚱이는 항아리에 삭혀
돼지고기, 묶은 김치 함께 섞여 홍어 삼합으로 장례가 치뤄지기도 합니다.
우리들은 남을 원망하지 않습니다. 모두 용서합니다.
육신이 썩어 문들어져 비록 저희들의 장례식이 늦어진다 해도
뒤탈이 난 사람 여태껏 한 명도 없었으니까요.

갯벌 낚지

갯벌 속
여러 개 거짓 구멍
부럿 속에 숨어있다가
물이 차오르면
머리통에서 물 뿜어내며
바닷속을 헤엄친다.

온통 먹물뿐인
콘돔 낀 머리통에
두 눈, 그리고 입
빨판 덕지덕지
여덟 개 긴 다리
흐물흐물 춤을 추며
갯벌 속 빈 강정들을 노린다.

갯벌 속에 숨어
딱딱한 두 껍데기
벌렸다 닫았다 하는
짠돌이 조영감
컴퓨터 사각 몸통

까닥까닥 안테나 눈
집게발로 재빨리 먹잇감을 노리는
칠칠맞은 철석 게 망나니 사장
아무리 보호막을 친들
아무리 날쌔다 한들
대가리 먹물 뿜어대며
8개 발로 착 달라붙어
끝장내야 직성이 풀리는 저승사자

너희들의 전 생애가
한순간 흔적 없이 사라진다.
밥이 되어 준 조개들
빈 껍데기 두 조각은
기념으로 남겨놓겠다.

해루질

여름밤 고사포
썰물 때
뜰채든 침입자들

갯벌 웅덩이
찰방찰방
손전등 켜고
둘레둘레

바닷물 밑
갯벌 돌 틈
웅크리고 있는
소라, 키조개, 해삼, 물고기

어둠 뚫고
들어오는 불빛
놀라 숨죽일 때

낯선 침입자들에게
눈에 띄고 말았다.

양동이 속에 갇혀
발버둥 토악질
물 고사포
픽픽픽

밀물은
감쪽같이
낯선 침입자들의 발자국을 덮었다.

홍수

여름
장마 빗줄기
연일 쏟아졌다.

우당탕 달려드는
성난 강물은 둑을 박차고
가로수와 온 마을을 덮쳤다.

들판은
온통 흙탕물

동동동
떠내려오는 살림 도구
나뭇가지와 플라스틱 조각들

물도 화를 내면
핏빛이다.

산속 호수

산자락 비집고
들어앉은 산속 호수

하루종일
하늘을 드리우고
산자락을 병풍으로 둘러치고
둥근 해를 살금살금 굴리며
모빌조각 같은 물비늘을 흔들어대다가

해질무렵
고라니 한 마리
붉은 노을을 몰고 와 물을 마시자
긴 그림자를 동쪽으로 늘여놓다가
어둠을 깔아놓고
수많은 별들을 품에 안곤 했다.

소쩍새 울음소리
부엉이 울음소리까지 데리고 와서
밤새도록 별을 세게도 했다.

강가에 앉아

노을 지는 강가에 혼자 앉아 강물을 바라봅니다.
이따금 물고기들이 강물 위로 튀어 오르다
풍덩 떨어지는 소리가 들려옵니다.
그 자리에 그려진 동그란 물무늬를
강물이 재빨리 지우고 흘러갑니다.
내가 앉아있는 곳에 돋아난 풀잎을
무심결에 쥐어뜯어 강물에 던집니다.
풀잎은 강물을 따라 흘러갑니다.
동동 흘러가는 풀잎에서
한때 마주친 얼굴들을 떠올립니다.
풀잎이 보이지 않을 때까지
바라보다가 자리에서 일어났습니다.
내가 이 자리에 앉아있었다는 것을
나 혼자만 기억할 뿐
아무도 기억하지 않습니다.
지난날 같이 앉아 강물을 바라보았던
그 사람도 나를 기억 할지 나는 모릅니다.
그냥 강물 위를 솟구쳐오른
물고기처럼 흔적 없이 지워질 뿐입니다.

강물이 흐르다가 끝나는 지점
그곳에 바다가 있습니다.
그곳에서 우리들은
서로의 기억들을 깡그리 지워낼 겁니다.

가창오리

겨울
수만 리 먼 길
가창오리 날아왔다.

오가야만 하는
무리들 이동길

이상은 없는가?
대열을 떠나면 낙오한다.
쉬지 않는 날갯짓만이
나를 지킬 수 있다.

운명처럼
길잡이 신호에 따라
물 위로 착지하고
물을 걷어차고 날아올랐다.

멋진 날갯짓으로
되살아나는 신화
연속상영 중이다.

대어大漁와 대어代漁

맑은 물에는
큰 물고기가 살지 않는다는 속담이 있다.
그럼 흙탕물에서만 큰 물고기가 산다는 거냐?
그렇지 그렇게 오염된 물에서는
작은 물고기가 숨이 막혀 살 수가 없을 거야.
큰 물고기에 쫓기다가
불안해하고 큰 물고기 먹이감이 되어 죽고 말거야.
덩치 큰 물고기는
흙탕물이 오염된 지 모르고
떵떵거리며 살아가고 있을 거야.
머지않아
잡아먹을 게 없으면 배고파 못 살겠다 엄살 떨 것이고
병들어 시름시름 앓을 때에는
죽게 될까 봐 벌벌 떨며
명의를 찾아 모아둔 재산 펑펑 써댈 거야.
그런데 언제부터인가 잘 모르겠지만 말이야.
우리나라 강과 호수에 토종 물고기 몰아내고 외래종 물고기 이 터 잡고 살고있는 거야.
식용 개구리들이 제 세상 인양 왕왕거리다가 풀이 죽어 잠해지자 부르길. 배스 등의 외래종 세상이 되어버린 거야.
배스 루어 낚시꾼들이 보트를 타고 손맛을 즐기려고

강을 누비는 거야.
외래종 물고기들을 퇴치하려는 것이 아니라
루어 낚시에 걸려 파닥거리는 손맛만 보고
다시 강물에 살려주는 거야.
생태계를 교란시킨 주범을 잡아서 없애지 않고
그냥 낚시 놀잇감으로 즐기고 있는 거야.
외래종 물고기를 가짜 미끼를 낀 루어낚시에 물면
파닥거리며 살려달라고 몸부림하는 배스
팽팽한 낚싯줄 파닥파닥
우리는 다른 나라에 살다가 왔어요.
베스트 배스 낚시꾼 양반, 저희들도 여기서 살게 살려주세요,
대어는 아니지만 저희들은 입이 큽니다. 가짜 미끼에 속아
덥석 물었습니다만, 저희들 손맛으로 만족하시고
놓아주세요,
문화 수준이 높으시고 교양이 철철 넘치는 조사님
잡혀드린 것만으로 만족하시고
놓아주면, 발 쭉 뻗고 편히 잠들 수 있을 겁니다.
대어는 큰 물고기라 일컫지만 대신 잡혀 짜릿한 손맛과
즐거움을 선물한다는 꿩 대신代身 닭을 잡아
꿩을 잡는 기분만 느끼시면 되는 것 아니겠어요?

밤낚시 · 1

밤은
물고기들이
움직이는 시간

물속에 낚시를 던져넣고
물 위에 반짝거리는
야광찌만 바라본다.

별들이
깜빡깜빡
풀벌레 울음소리
깔다귀, 모기들이 마구 달려들었다.

어둠 속에서
물속 세상 소식을 기다리는 중
찌가 물 위에서 까딱까딱
펄쩍펄쩍 제자리 뛰기 연속동작
어신 감지기 녹색 야광이 빨간 불로 바뀌어 반짝반짝

물고기가 걸려들었다.
저승사자 낚시꾼

낚싯대 끌어 올렸다.

낚싯대가 포물선으로 휘어져
휘청휘청
야광찌 움씰움씰

물고기 무게와 파닥거림이
낚싯대 쥔 손끝으로 전해왔다.

헐떡헐떡
숨이 가쁘다.
마구 가슴이 방망이질 했다.

궁금한 물속 세상
한꺼번에 끌어냈다.

밤낚시 · 2

가을
저수지로 밤낚시 갔다.

밤 기온이
쌀쌀하다.

낚시 좌대
받침대 펼쳐놓고
붕어가 좋아하는
옥수수 미끼 낚시에 끼워서
열 개의 낚시를 던져넣었다.

별을 쳐다보듯
야광찌 내려다보았다.

별똥별 떨어지듯
야광찌 깜박거리는 순간
낚싯대를 끌어 올렸다.

물속 세상이
활처럼 휘어져 끌려오며

파문을 일으켰다.

등지느러미 날 세운
블루길만 걸려들었다.

생태계를 교란하는
외래어종 블루길이
낚시꾼을 교란했다.

낙엽이 떨어지듯
우르르 달려드는
블루길 붉은 길
월척 붕어 손맛은
물 건너갔다.

장어 낚시

밤에 움직이는
장어를 잡기 위해
저수지나 강을 찾았다.

지렁이나 미꾸라지
미끼를 낚시에 끼워
물속에 릴을 던졌다.

밤새도록
어신 감지기로
소식 오길 기다렸다.

미끼를 물었다 하면
한입에 꿀꺽 삼켜 버리는 장어
놓칠 일이 없다.
맘 놓고
텐트 속에서 새우잠을 잤다.

감지기 벨 소리 자명종
부시시 일어나 낚싯줄을 당겼다.

갈지자 요동치는 장어
오늘 임자 만났다.

자연산 몸짓
제멋대로 혀를 놀리면
저승길이 되는 줄
이제 알 것이다.

어탁魚拓

월척 붕어가 낚였다.
낚시꾼 싱글벙글
—바로 이 맛으로 살아간다.
—이제 난 프로다.
어깨 으쓱으쓱

집으로 돌아와
월척 기념 탁본을 떴다.

붕어를 깨끗하게 씻은 뒤
물기를 닦아냈다.
붕어가 움직이지 않도록 해놓고
화선지로 붕어를 덮었다.
그 위에 분무기로 물을 뿌렸다.
그리고는 스펀지로 되풀이해서 눌러주었다.
두루마리 화장지로 눌러주면서 물기를 뺐다.

주름이 생기지 않도록 조심조심
수분이 거의 없어지면
솜방망이에 색깔을 묻혀 여러 번 차례차례
두들겨서 붕어 모양이 잘 나타나게 물감을 묻혔다.

연한 색으로 배와 턱, 아가미를
진한 색으로 지느러미를 차례차례 채색했다.

멋진 어탁, 동양화 한 점
표구해서
거실벽에 걸어두었다.

낚시는 예술
어탁으로 남았다.

겨울 낚시

겨울 영산강
청둥오리떼
강물 위에 동동
무자맥질하고 있었다.

낚시꾼은 겨울에도
낚싯줄을 드리웠다.
겨울강 소식이 궁금했다.

방울 딸랑딸랑
물고기가 신호를 보내는 건지
겨울바람이 흔드는 건지
망설이고 있을 때
갑자기 요란한 방울소리와 함께
낚싯대가 벌러덩 넘어졌다.

낚싯대 재빨리 손에 거머쥐고 릴을 감았다.
청둥오리떼 파다닥 하늘로 날아올랐다.

낚싯줄에 전해오는
묵직한 감촉
강물 가운데서 파닥파닥
청둥오리 한 마리
낚싯줄에 끌려왔다.

신축년 12월이
모짝모짝
한꺼번에 끌려왔다.

영산강의 어제와 오늘

물길이 막혔다.
물고기도 갇혔다.

바다를 오가는 물고기
이제는 발길 끊었다.

먼 옛날
임자도 조깃배
흑산도 홍어배
오가는 길도 막혔다.

영산호
민물고기들과
외래어종 베스, 부르길

밀물 때
물밑에 잠겨 물고기들이
오가던 곳은
농토가 되었다

기순환이 막힌 강
정자에서 시를 읊던 시인들이
모두 사라졌다.

정자는 그대로
강변은 둑과 길
매끄럽게 정비되었다.

사람들만 오가는
도로와 다리
기가 막힌 풍경

똥물 눈물 삼키며
흐르는 강
榮山江

민물고기들은
이따금
물 위로 펄쩍 풍덩

낚시꾼들이 찾아와
겨우 살아남은
민물고기들에게
불편한 점은 없느냐?
좋은 먹거리 맛보시라고
뻔뻔한 설문지를 던지곤 했다.

제4부

백수 낚시꾼

백수 낚시꾼
갈치 지그낚시
갈치 낚시
낚시 신풍속도
유료 낚시터
어촌 사람들
홀치기 낚시
빙어 낚시
우산 통발
짱뚱어 낚시
쭈꾸미, 갑오징어 낚시
망둥어 낚시
민장대 낚시
독살장
견지대 낚시
피라미 낚시·1
피라미 낚시·2
낚시의 변화
강태공의 오징어 게임
태공들의 별칭
낚시 방송
루어 시대
섬
낚시대회

백수 낚시꾼

할 일이 없어졌다.
집안에서 빈둥빈둥
아내 보기 민망해
낚시도구 챙겨
강과 호수를 찾아갔다.

낚시터로 출장을 왔다.
천막까지 치고
며칠 머무를 준비를 마쳤다.

이제 나는
백수가 아니라
생명의 현장을 찾아
물속 세상과 대화를 나누는
철학자요, 자연인이 된 강태공

물고기가 많이 잡혀서
시장에 내다 팔아
임시 어부가 될 수 있다면
그 얼마나 좋겠는가?

뜬 눈으로
흐르는 강물을 바라보며
수많은 생각을 낚았다.

코로나 시대
일자리를 잃었다.
백수 낚시꾼이 되었다.

물안개가 피어오르는
강변의 새벽은
초가을인데 너무 차갑고
눈앞이 막막하다.

해가 떠오르면
물안개 걷히고
강물 위에 고운 물비늘이
반짝반짝

기어코 어신이 오지 않겠는가?
어신이 올 때까지
속절없이 기다리다 보면
한 올 한 올 흰머리만 늘어날 것이다.

갈치 지그낚시

가을 제주도, 남해 바다는
갈치 낚시터다.

배를 타고
밤바다로 나갔다.

갈치가 잘 잡히는
포인트에 배를 멈추고
집어등을 켰다.

선상에서
캐스팅볼을 단
지그 낚시를 던졌다.

갈치, 풀치
낚시에 걸려
파닥파닥 반짝반짝

바다가 품은
장도를 꺼냈다.

갈치 낚시

지그낚시
가짜 미끼
루어낚시

진짜
꽁치 미끼를 끼워
밤바다에 던졌다.

덥석덥석
갈치가 물었다.

야광찌가
부지런히 움직였다.

바닷속
갈치를 끌어냈다.

낚시 신풍속도

고무보트 싣고 와
강을 누비다가
물고기 잘 잡히는
포인트를 찾아갔다.

생태계 교란하는
외래물고기 배스
잡아서 없애면 좋으련만

배스 루어 낚시꾼들은
손맛만 보고
다시 놓아주었다.

우리 강 생태는
관심 없었다.
낚시에 걸려 바둥대는 배스
잡고 놓아주기
되풀이 패스패스

손맛만 보고
돌아갔다.

유료 낚시터

유료 낚시터에
낚시하러 갔다.

입장료 내고
포인트에 앉았다.

금반지 경품 내건
송어 낚기
군침 흘렸다.

송어는 한 마리도
못 잡고
머리 긁적거리다 되돌아왔다.

휴일마다
낚시에 내가 걸린다.

어촌 사람들

어촌 사람들의 낚시는
생활이다.

바다가 주는 대로
살아간다.

낚시질로 잡아 올린
물고기는
팔기도 하고
먹기도 하고

이제는
낚시 오는 사람들
배로 낚시터 안내하는 직업
숙식을 마련해주는 민박

낚시꾼이 뒤바꿨다.
어촌 사람들은
낚시꾼들 뒷바라지
낚시하러 오는 낚시꾼들에게

낚시질 떠넘기고
룰룰랄랄

어촌 사람들은
낚시를 가르치는
어부 선생님

홀치기 낚시

강과 바다가 만나는
강 하류를 막아버린 강
호수가 되었다.

밀물과 썰물이 끊어지자
강물에는 민물고기들이
보금자리를 틀었다.

가끔 수문이 열리면
숭어 떼들이 강물을 거슬러 올라왔다.

낚시꾼들이 홀치기 낚시를 던졌다.
숭어가 지나가다가 몸뚱이가
낚싯바늘에 찔려 끌려 나왔다.

물속을 헤엄쳐 다니다가
홀치기 낚싯바늘
미처 피하지 못하고
몸이 찔린 숭어들
날벼락 맞았다.

빙어 낚시

겨울
꽁꽁 얼어붙은
저수지로 빙어 낚시를 갔다.

얼음구멍을 뚫고
구더기, 곤쟁이 미끼 낚시 던져넣으면
찌 까닥까닥

줄줄이
빙어들이 끌려나왔다.

매서운 칼바람
손바닥 호호 입김 불며
빙어 잡아
빙판 위에 올려놓았다.

팔딱팔딱
겨울 방호벽 뚫고 내려 온 낚시줄
죽음의 빙고 게임인 줄 전혀 몰랐다.

우산 통발

우산 속에 개 사료 넣고
줄을 매달아
물속에 우산 통발을 펴 놓았다

물고기에 씌우고 싶은 어부가
미끼 넣어 펼쳐놓은 우산 통발

우산 아래쪽에
6개, 8개, 12개
물고기 출입 구멍이 있었다.

미꾸라지, 새우, 붕어, 블루길, 올챙이들
우산 속 먹이를 먹으려 들어 왔다가
나가는 길을 몰라 허둥지둥

우산 밖 빙빙 돌다가 자신도 모르는 사이
그물 우산 속으로
스스로 들어왔다가 나가는 길 까먹었다.

우산 속
피라미드 미로에 갇혔다.

밖이 환히 보이는
우산 그물 벽을
이리저리 왔다갔다 빙빙 돌다가
한꺼번에 끌려 나왔다.

짱뚱어 낚시

벌교 앞바다
썰물 때면
짱뚱어가 갯벌 위에서
팔딱팔딱 뜀뛰기했다.

어그적어그적
기어가다가 멈춰서
두 눈 끔뻑끔뻑

짱뚱어 낚시꾼들
널배를 타고 갯벌로 나갔다.
갯벌 구멍 밖 엎드려 있는 짱둥이
삼발이 낚시 던졌다.

재빨리 낚싯대를 낚아채면
몸뚱이가 바늘에 찔려
찍소리도 못하고 끌려 나왔다.

벌교 갯벌 토박이
짱, 짱뚱어도

썰물 안녕
갯벌 속에 꼬막은
깜깜 무소식

칠게가 보았다.
불랙박스 카메라 눈 까딱까딱
부글부글
게거품 뿜어댔다.

쭈꾸미, 갑오징어 낚시

구월
서해안 무창포나 오천항에서
배를 타고 바다로 나갔다.

배 위에서
물고기 모양
가짜 미끼 루어를 바닷물 속에 던졌다.

방울 딸랑딸랑
낚싯대를 잡아당기자 묵직했다.
릴을 감았다.
쭈꾸미 대롱대롱
갑오징어 대롱대롱

쭈볏쭈볏
쭈꾸미 건져 올렸다.
갑질하는
갑오징어 건져 올렸다.

다리 열 개
가짜 루어의 꽁지 끝 바늘
끝까지 물고 나오는 쭈꾸미
갑오징어들
픽픽 먹물을 쏘아댔다.

망둥어 낚시

초가을
서해안 갯벌 바다
망둥어들이 촐랑촐랑
놀려 나왔다.

갯지렁이 낚싯바늘에 끼워
바다에 던졌다.

망둥어들이
낚싯바늘에
줄줄이 물고 나왔다.

미끼를 바늘에 끼워서
바다에 넣자마자
마구 물고 나왔다.

방금 친구들이
낚시에 끌려간 일
모두 잊고 덥석덥석

건망증 심한 망둥어들
마구 미끼 나꿔챈다.

무턱대고 덥석덥석
낚시꾼들 낚시하는 손맛
넘쳐났다. 지쳤다. 싫증났다.

민장대 낚시

간단한 채비로
짜릿한 손맛은
민장대 낚시가 으뜸이지.

간소한 장비와 채비
낚싯대와 낚싯줄, 바늘, 도래, 봉돌만 있으면
누구나 낚시할 수 있지.

초릿대 끝이 휘어지며
물고기 입질이 시작하면
잽싸게 나꿔 채는 솜씨는
민장대 낚시가 으뜸이지.

잔챙이 잡는 초보 낚시꾼이라고
비웃는 사람은
민장대 낚시의 재미를 모르는 사람
바다 양어장이나 방파제
바다 가까이 다가가
바다를 끌어올리는 손맛은
민장대 낚시가 으뜸이지.

손가락 느낌으로
작은 입질도 알아채고
물고기를 척척 잡아내는
민장대 낚시 기술
하루아침에 닦여진 것이 아니지.

낚싯대 길이만큼의 짧은 낚싯줄
먼 거리로 던질 수는 없지만
낚시의 시작과 끝은
역시 민장대 낚시가 으뜸

초보 낚시꾼들이
민장대 낚시부터 시작하지만
낚시의 참맛을 아는
고수 낚시꾼들도 즐기는 낚시법.

강태공은
민장대 낚시에서 시작해서
민장대 낚시로 대어 낚고
낚시계를 떠났지.

독살장

썰물인 줄 모르고
갯벌에 쌓아놓은 돌담 밑
미처 빠져나가지 못한 물고기들
바다가 그냥 남겨두고 갔습니다.

꾸물꾸물 한눈팔다
갯벌 웅덩이 속에
꼼짝없이 갇혔습니다.

한눈팔다
바닷물의 흐름을 잊어버린 물고기들
부산떨어댑니다.

혼자 남겨두고 몰래 빠져나간 바다를 향해
파닥파닥 갯벌 바닥을 치며
독살장 웅덩이 속에서
독화살을 쏘아댑니다.

견지대 낚시

물살 거센 여울목
물속에 들어가 수장대 세우고

뒤틀린 뼈자 낚싯대
구더기 미끼 끼워
낚시를 던졌다.

흐르는 물속에 낚싯줄을
당겼다 놓았다 시침질하다가
낚싯줄을 잡아당기는 느낌이 들면
와락 끌어당겼다.

누치가
입 벌린 채 끌려왔다.

구더기
입맛 다시다
눈치 못 채고
파닥파닥 끌려왔다.

피라미 낚시·1

여울목에
피라미 낚시를 갔다.

물 속 큰 돌멩이 밑에
날도래를 잡아서
낚시에 끼웠다.

흐르는 물에
낚싯대를 던져넣으면
피라미들이
줄을 섰다.

날도래 맛집
번호표 받고
순서대로 끌려 나왔다.

피라미 낚시·2

흐르는 계곡을 차아서
피라미 낚시를 던졌다.

낚싯줄 끝에 피라미 미끼통에
떡밥을 넣고 물속에 던져넣으면
파리털 같은 바늘
열개 피라미 주렁주렁

피라미들이
줄줄이 매달려
남사당패 어름(조선줄타기)을 보여주었다.

파닥파닥
반짝반짝

낚시의 변화

신석기 시대 때부터
동물의 뼈로 낚시를 만들어
물고기를 낚았다.
살기 위해 낚시했다.

요즈음에는
살기 위해 낚시하는 어부보다
즐기기 위해 낚시하는 사람들이 더 많아졌다.

강과 호수를 찾아
장어, 붕어, 잉어 낚았다.
바다를 찾아
오징어, 갈치 낚았다

낚싯바늘에 미끼를 끼워 던졌다.
가짜 미끼 루어낚시를 던졌다.

물고기 저승사자
낚시에 걸려 바둥거리는
짜릿한 손맛을 찾아
쉬는 날, 강태공이 되었다.

강태공의 오징어게임

강태공은
오징어 개임에서
마지막까지 살아남았다.

강물에
낚싯대를 드리우고
세월아, 네월아,

조급한 사람은
제풀에 지쳐서
모두 쓰러졌다.

끝까지 강태공은
낚시터를 지켰다.
한 우울만을 팠다.

여기저기 기웃기웃
작은 것을 탐내지 않았다.

지긋이 기다리다가
기어코 큰 물고기를 낚았다.

태공들의 별칭

어부가 아니라
물고기 잡기 놀이하는 낚시꾼
모두 강 태공이라 부르지만

시냇가나 수로의 낚시꾼은
천 태공

연못의 낚시꾼은
연 태공

호수의 낚시꾼은
호 태공

방죽이나 저수지의 낚시꾼은
방 태공

강의 낚시꾼은
강 태공

영산강에서 낚시하는 나는
김 태공

낚시 방송

낚시꾼들의 소식을 전해주는
텔레비전 낚시 방송

전국의 낚시터 정보
물고기들이 잘 잡히는 곳
날마다 낚시꾼들의 소식을 전해주었다.

물속에서 덥석 미끼 물다
우주인처럼 다른 세상으로 끌려 나온
물고기들이 낚시꾼들과 함께 출연했다.

가끔 물 밖 세상 궁금해
강물 위로 풍덩
잠깐 훔쳐본 세상

억지로 끌려와 방송에 나왔다.
파닥파닥 숨이 막혔다.

훔쳐본 세상
노리개 출연
개망신 당할 줄 미처 몰랐다.

루어 시대

가짜 미끼를
진짜로 알았다.

눈속임
가상현실 루어 세상
물속에서도 펼쳐졌다.

푸드피싱
스미싱
입 벌리면 저승길

짝퉁 시대
눈 뜨고도 속았다.
주둥이로 톡톡 건드려보고도 속았다.
냄새 맡고도 속았다.

섬

경자년 코로나 바이러스 19 거센 바람
지구촌이 모두 섬이 되었다.

사회적 거리두기 단계 올렸다가 내렸다가
강풍, 풍랑주의보, 태풍경보, 태풍주의보
경보. 주의, 경보, 주의……

모든 선박, 항공기
입출항 금지, 해제, 금지, 해제……
마스크 의무 착용

신축년까지
지구촌은 비상경보

얼어붙은
섬
섬
섬

코로나 바이러스
파도만 거세다.

낚시대회

상금, 상품을 주는
낚시대회

참가비를 내고
유료 낚시터에서
시간을 정해놓고
낚시를 한다.

주최측이 미리 지느러미에
상금 번호표를 달아놓고

그 물고기를 낚은
낚시꾼에게
그에 해당하는 상금과 상품을 준다.

바다나 호수에서
하는 낚시대회는
정해진 시간안에
큰 물고기를 잡거나
많은 물고기를 잡는 수에 따라

등위가 정해진다.
낚시대회
상을 여러 번 받는
프로 낚시꾼

낚시질이
좋아하는 취미다.
밥벌이하는 직업이다.